EDELVAN JOSÉ DOS SANTOS

Novena de Nossa Senhora de La Salette

Padroeira do movimento das mães que oram pelos filhos

EDITORA
SANTUÁRIO

DIREÇÃO EDITORIAL: Pe. Fábio Evaristo R. Silva, C.Ss.R.
COORDENAÇÃO EDITORIAL: Ana Lúcia de Castro Leite
COPIDESQUE: Bruna Vieira da Silva
REVISÃO: Luana Galvão
Sofia Machado
DIAGRAMAÇÃO E CAPA: Mauricio Pereira

Textos bíblicos extraídos da Bíblia de Aparecida, Editora Santuário, 2006.

ISBN 978-85-369-0624-9

A marca FSC® é a garantia de que a madeira utilizada na fabricação do papel deste livro provém de florestas que foram gerenciadas de maneira ambientalmente correta, socialmente justa e economicamente viável.

Este livro foi composto com as famílias tipográficas Bellevue e Calibri e impresso em papel Offset 75g/m² pela **Gráfica Santuário.**

1ª impressão

Todos os direitos reservados à **EDITORA SANTUÁRIO** – 2020

Rua Pe. Claro Monteiro, 342 – 12570-000 – Aparecida-SP
Tel.: 12 3104-2000 – Televendas: 0800 - 16 00 04
www.editorasantuario.com.br
vendas@editorasantuario.com.br

Nossa Senhora de La Salette

No dia 19 de setembro de 1846, dois pastorinhos cuidavam de um rebanho de ovelhas, no alto da montanha La Salette, nos formosos Alpes da França. A adolescente Melanie Calvat (Melânia) aproximava-se de seus 15 anos de idade e Maximin Giraud (Maximino) tinha apenas 11 anos. Naquela época, muitas crianças eram responsáveis pelo pastoreio de rebanho, a serviço das famílias ricas, para ajudarem seus pais nas despesas de casa. Por se dedicarem àquele trabalho desde pequeninos, Maximino e Melânia não tiveram a oportunidade de aprender a ler nem a escrever.

As crianças conduziram as ovelhas para uma planície próxima de uma ribanceira. Ali estaria seguro o rebanho e não se perderia. Logo, puseram-se a colher flores, amontoando-as sobre a relva. Contemplando o encanto do enfeite florido sobre o gramado, elas caíram no sono, deitando-se por ali mesmo.

Eis que, ao despertarem, foram surpreendidas por intensa luz, na forma de um sol, e dentro dela surgiu uma belíssima senhora, que estava sentada em uma pedra ao redor das flores colhidas. Vestida de camponesa, trazia em sua cabeça um diadema de rosas, sobre seus ombros encontravam-se correntes, que sustentavam uma cruz em seu peito. No lado esquerdo desse crucifixo, havia um martelo, e, no lado direito, uma torquês.

Primeiramente, com as mãos no rosto, a Senhora chorava. Ao se levantar, cruzou os braços sobre o peito e pediu que as crianças se aproximassem, pois tinha uma valorosa mensagem para elas. Durante todo o tempo, lágrimas caíram sem cessar, e a majestosa Mulher dirigiu as seguintes palavras àquelas duas crianças: "Vinde, meus filhos, não tenhais medo, aqui estou para vos contar uma grande novidade! Se meu povo não quer submeter-se, sou forçada a deixar cair o braço de meu Filho. É tão forte e tão pesado que não o posso mais. Há quanto tempo sofro por vós! Dei-vos seis dias para trabalhar, reservei-me o sétimo, e não me querem conceder! É isso que torna tão pesado o braço de meu Filho. E também os carroceiros não sabem jurar sem usar o nome de meu Filho. São essas as duas coisas que tornam tão pesado o braço de meu Filho".

Tal espanto pela súbita aparição, aos poucos, foi dando lugar ao encantamento por estarem diante da Mãe de Jesus. Ela continuou a lhes falar: "Se a colheita for perdida, a culpa é vossa. Orai bem, obrai o bem! Se a colheita se estraga, e só por vossa causa, eu vo-lo mostrei no ano passado com as batatinhas: e vós nem fizestes caso! Ao contrário, quando encontráveis batatinhas estragadas, juráveis usando o nome de meu Filho. Elas continuarão assim e, neste ano, para o Natal, não haverá mais".

Em seguida, Nossa Senhora perguntou às crianças se haviam compreendido o que lhes fora dito e explicou-lhes de outra maneira, para que entendessem sua mensagem. Ela lhes revelou que informassem a toda gente que aquele tempo não seria propício para a semeadura, pois todo o trigo semeado seria devorado pelos insetos, além de transformar-se em pó quando fosse colhido. Alertou sobre a grande fome, que atingiria toda a região, e noticiou sobre a morte das crianças menores de sete anos, antes da devastadora fome.

Repentinamente, a Virgem Maria continuou a se comunicar, mas apenas Maximino a compreendeu. Melânia observava os lábios de Nossa Senhora se mexerem, mas nada entendia. Logo depois, ela pôde compreender, ao passo que

Maximino já não a entendeu mais. Desse modo, Nossa Senhora falou em segredo, primeiramente, a Maximino e, depois, a Melânia.

Outra vez, começaram a entender, simultaneamente, a mensagem de Nossa Senhora: "Se se converterem, as pedras e os rochedos se transformarão em montões de trigo, e as batatinhas serão semeadas nos roçados. Fazeis bem vossa oração, meus filhos?" Em resposta, as crianças disseram: "Não muito, Senhora!" Em seguida, respondeu-lhes: "Ah! Meus filhos, é preciso fazê-la bem, à noite e de manhã, dizendo ao menos um Pai-nosso e uma Ave-Maria, quando não puderdes rezar mais. Quando puderdes rezar mais, dizei mais. Durante o verão, só algumas mulheres mais idosas vão à missa. Outros trabalham no domingo, durante todo o verão. Durante o inverno, quando não sabem o que fazer, vão à missa zombar da religião. Durante a Quaresma, vão ao açougue como cães. Nunca viste trigo estragado, meus filhos?"

"Não, Senhora!", elas proferiram. Assim, Maria Santíssima dirigiu-se a Maximino e fez-lhe recordar sobre certa ocasião em que o pai dele havia lhe mostrado o trigo apodrecido, e Maximino respondeu-lhe: "É verdade, Senhora, agora lembro. Há pouco não lembrava mais!" Finalizou a mensagem, dizendo-lhes: "Pois bem meus filhos, transmitireis isso a todo o meu povo".

Assim, findou-se a aparição de Nossa Senhora. Quando cruzou um pequeno córrego, que permanecia seco em algumas épocas do ano, a partir daquele instante, nunca mais suas águas secaram. Conforme a luminosidade crescia, a Mulher foi desaparecendo, até a luz também sumir diante de seus olhares.

Desceram rapidamente para o povoado, contando a todos a admirável aparição. Muitos creram, outros permaneceram incrédulos. Muitos milagres aconteceram naquela abençoada montanha, graças à intercessão daquela que chamaram de Nossa Senhora de La Salette. Construíram um santuário em veneração à Virgem Maria, concluído em 1879. Maximino morreu com apenas 39 anos, em 1º de março de 1875, e Melânia faleceu aos 73 anos, em 14 de dezembro de 1904.

Nossa Senhora de La Salette é padroeira dos agricultores e do movimento nacional "Mães que Oram Pelos Filhos", além de ser também venerada sob o título de Reconciliadora dos Pecadores. Sua festa litúrgica é celebrada no dia 19 de setembro. Nossa Senhora de La Salette revelou à humanidade o quão desprezível é o pecado aos olhos do Eterno Pai, além de seu aparecimento àquelas duas crianças ser um sinal de esperança para os povos e de restauração do amor a Deus sobre todas as coisas.

Oração inicial

– Em nome do Pai, do Filho e do Espírito Santo.
– **Amém!**
– A nossa proteção está no nome do Senhor,
– **que fez o céu e a terra!**
– Ouvi, Senhor, a minha oração!
– **E chegue até vós o meu clamor!**

– Vinde, Espírito Santo, enchei os corações de vossos fiéis e acendei neles o fogo do vosso amor. Enviai vosso Espírito e tudo será criado! E renovareis a face da terra!

Oremos: Ó Deus, que instruístes os corações dos vossos fiéis com a luz do Espírito Santo, fazei que apreciemos retamente todas as coisas, segundo o mesmo Espírito, e gozemos sempre de sua consolação. Por Cristo, Senhor nosso. Amém!

Oferecimento da Novena: Ó Virgem de La Salette, diante de tua presença maternal e de teu filho Jesus, abrimos nosso coração à graça da reconciliação. Apesar de nossa ingratidão de filhos pecadores, não nos desamparaste, mas mostraste o caminho certo a seguir. Olha por mim, ó Nossa Senhora, quero viver somente para Deus, atraído por teu olhar de Mãe amável e piedosa. Ó Reconciliadora dos aflitos, não nos deixes abandonados. Também te pedimos, humildemente, que entregues ao Deus Pai o pedido que agora te faço, confiante na misericórdia divina *(pedir a graça a ser alcançada)*. Ó Mãe de La Salette, creio que, se for da vontade do Criador, serei atendido. Dá-nos a esperança de dias melhores, sem guerra, sem pestes, sem fome, sem quaisquer males que possam afligir nossas famílias. Amém!

Oração final

Ladainha de Nossa Senhora de La Salette

Senhor, **tende piedade de nós**.
Jesus Cristo, **tende piedade de nós**.
Senhor, **tende piedade de nós**.
Jesus Cristo, **ouvi-nos**.
Jesus Cristo, **atendei-nos**.
Deus Pai, que estais nos Céus, **tende piedade de nós**.
Deus Filho, Redentor do Mundo, **tende piedade de nós**.
Espírito Santo Paráclito, **tende piedade de nós**.
Deus uno e Trino, **tende piedade de nós**.
Virgem de La Salette, **rogai por nós**.
Mensageira da Nova Aliança, **rogai por nós**.
Humilde serva de Deus, **rogai por nós**.
Mãe Lacrimosa, **rogai por nós**.
Mãe do Cristo ressuscitado, **rogai por nós**.
Mulher vestida de sol e coroada de flores, **rogai por nós**.
Mãe da Humanidade, **rogai por nós**.
Virgem oferente, **rogai por nós**.

Intercessora dos aflitos, **rogai por nós**.
Reconciliadora dos Pecadores, **rogai por nós**.
Estrela da manhã, **rogai por nós**.
Medianeira das graças, **rogai por nós**.
Cordeiro de Deus, que tirais o pecado do mundo,
perdoai-nos, Senhor.
Cordeiro de Deus, que tirais o pecado do mundo,
ouvi-nos, Senhor.
Cordeiro de Deus, que tirais o pecado do mundo,
tende piedade de nós.
Rogai por nós, Santa Mãe de Deus,
para que sejamos dignos das promessas de Cristo.
Amém!

Oração: Ó Mãe Reconciliadora, terminado este dia de novena, queremos agradecer todas as graças recebidas por teu intermédio. Jamais esqueces teus filhos, pois teu infinito amor maternal jamais seria capaz de fazê-lo. Obrigado por nos fazer entender, por teu pranto, naquele dia, em La Salette, quão terríveis são nossos pecados e a blasfêmia contra o Pai Eterno. Consagro meu coração a teus cuidados, deposito em tuas mãos minha família, enfim, todos aqueles que recorrem a tua proteção.

(Rezar 1 Pai-nosso, 3 Ave-Marias e 1 Glória ao Pai).

Nossa Senhora de La Salette, roga por todos nós, pecadores; preserva-nos do mal e do ódio e conduze-nos à Paz Verdadeira, que vem de teu Filho Jesus, nosso Salvador, que, com Deus Pai e o Espírito Santo, vive e reina para sempre. Assim seja. Amém!

Em nome do Pai, do Filho e do Espírito Santo. Amém!

1º dia
"Vinde, meus filhos, não tenhais medo!"

1. Oração inicial *(p. 9)*

2. Palavra de Deus *(Ap 12,1-2.5)*
Um grande sinal apareceu no céu: uma Mulher vestida com o sol, tendo a lua sob os pés e uma coroa de doze estrelas na cabeça. Estava grávida e gritava de dor, angustiada para dar à luz. Ela deu à luz um filho, um menino, aquele que vai governar todas as nações com cetro de ferro. Mas seu filho foi arrebatado para junto de Deus e de seu trono.
– Palavra do Senhor.

3. Reflexão
A mensagem apocalíptica de Nossa Senhora de La Salette pode causar temores em muitos corações, mas, antes de tudo, devemos lembrar as primeiras palavras dirigidas àqueles dois pastorinhos: "Não tenhais medo!" A Mensageira da Paz nos revela, nas montanhas francesas, o quanto devemos

respeitar o Evangelho, além disso, seu Filho está sendo cada dia mais esquecido pela humanidade.

A profecia de Maria, revelada a Maximino e Melânia, alerta-nos, adverte e repreende, mas a bendita Mãe jamais quer o mal para seus filhinhos; eis um choro angustiante, revelador da amabilidade de Nossa Senhora. Ela nos pede para vencermos nossos medos, para não desanimarmos de sermos colaboradores de Cristo. Quer que anunciemos a Boa-Nova a todos os corações para que se reconciliem com Deus.

Pensemos nas provações que aquelas duas crianças passaram, quando contaram a seu povo que a "Mulher revestida de sol" havia lhes aparecido! As injúrias e a cólera daquele povo, ao escutar a Boa-Nova, propagaram-se contra aquelas pobres crianças. Houve os que acreditaram, mas muitos se contrapuseram a Melânia e a Maximino por encararem aquela mensagem de maneira falsa e desrespeitosa.

Maria compreende nossas limitações, somos passíveis de fraquejar, mas a caminhada tem de ser continuada, pois o juízo final é a certeza da punição aos corações impiedosos, em um dia inesperado. Podemos ser surpreendidos a qualquer momento, mas será que estamos preparados para seguirmos com Cristo até a Morada do Pai?

Ó Nossa Senhora de La Salette, arranca de minha alma a semente do medo, da ansiedade e da covardia. Derrama tuas lágrimas maternais sobre minha vida. Quero me esforçar pelo Reino de Amor, com doação total a Cristo, meu único Salvador. Liberta meu coração das garras do demônio, que deseja atrair-me ao pecado, e sela-me com tua proteção. Assim seja. Amém!

4. Oração final: Ladainha *(p. 11)*

2º dia
"Meus filhos, há quanto tempo sofro por vós!"

1. Oração inicial *(p. 9)*

2. Palavra de Deus *(Lc 2,33-35)*
José e Maria estavam maravilhados com as coisas que dele se diziam. Simeão os abençoou e disse a Maria, sua mãe: "Este menino vai causar a queda e a elevação de muitos em Israel; ele será um sinal de contradição; a ti própria, uma espada te traspassará a alma, para que se revelem os pensamentos de muitos corações".
– *Palavra da Salvação.*

3. Reflexão
As lágrimas incessantes de Nossa Senhora de La Salette causaram comoção àquelas crianças. Por que sofres tanto, ó minha Mãe? O que temos deixado de fazer que muito te entristece?

Certamente, o maior sofrimento de Maria Santíssima foi a crucificação de seu filho Jesus por nossas transgressões. Tamanha dor foi revelada em sua aparição. Trazia no peito uma cruz suspensa por correntes, como se nos dissesse que, além de termos crucificado o Ressuscitado, ainda hoje as pesadas correntes de nossos pecados sobrecarregam seus ombros e nossa falta de amor a Deus e ao próximo a impedem de interceder por nós. Seus braços cruzados não revelam uma mãe descuidada com seus filhos, que se mantém indiferente às aflições cotidianas. Mas nos vêm revelar que, se não nos convertermos ao Evangelho e não recorrermos à misericórdia do Pai, Ela pouco poderá fazer para nos auxiliar; é como se atássemos suas mãos com as correntes do mal.

O crucifixo, a nós apresentado por Nossa Senhora de La Salette, traz nas extremidades o martelo e a torquês. O homem que blasfema, tomando o santo nome de Deus em vão e praticando a iniquidade, é como se pregasse novamente Cristo na cruz com o "martelo do pecado". Mas aquele que honra o nome do Altíssimo, respeita o semelhante e se culpa pelas más atitudes e pensamentos tem em suas mãos o poder de retirar os cravos, que mortificaram o Redentor, com a "torquês da contrição".

Elevemos nossas súplicas à Reconciliadora dos pecadores, peçamos o perdão de nossas culpas: Ó Virgem de La Salette, jamais serei digno de tocar tua face para secar tuas lágrimas de dor. Mas venho a ti, como humilde servo(a), para manifestar meu arrependimento pelas graves falhas cometidas contra o Deus-Trino. Não quero viver para o pecado, por isso me livra do mal, que tenta manchar minha alma. Amém!

4. Oração final: Ladainha *(p. 11)*

3º dia
"Dei-vos seis dias para trabalhar, respeitem o sétimo!"

1. Oração inicial *(p. 9)*

2. Palavra de Deus *(Ecl 4,6.8.13)*
É melhor um bocado com repouso que dois com cansaço, correndo atrás do vento. Não cessa nunca de trabalhar, e seus olhos não se fartam de riqueza; e nunca se perguntou: "Para quem eu trabalho e me privo dos bens?" Também isto é vaidade e uma ocupação ingrata. É melhor um jovem pobre, mas sábio, do que um rei velho e insensato que não sabe mais escutar conselhos.
– *Palavra do Senhor.*

3. Reflexão
Nossa Senhora de La Salette continuava a falar sobre o mau comportamento dos homens. Já não havia mais espaço para Deus, e o acúmulo de

bens falava mais alto em seus corações. As palavras de Maria sobre o desrespeito humano ao Dia do Senhor vão ao encontro do primeiro e do terceiro mandamentos da Lei de Deus.

A sociedade parecia, cada vez mais, estar se esquecendo de amar e respeitar a Deus, além do descompromisso de ir à missa aos domingos. O trabalho tornava-se o soberano deus, fonte de capitalização de riquezas, e escravizava tantos pela soberba, ganância e vaidade.

Ainda, Maria Santíssima dirigiu duras palavras àqueles que, além de trabalhar aos domingos, não faziam penitência durante a quaresma e agiam como animais devoradores de carne no açougue. Tais atitudes irracionais denunciavam a astúcia de Satanás, que usa da fragilidade humana para ludibriar os filhos de Deus com fúteis prazeres, enquanto zomba das obras do Senhor.

Será que nós temos dedicado nossas conquistas e nossa vida ao Pai, participando da Santa Missa aos domingos? Será que estamos a enxugar as lágrimas de Nossa Senhora ou a agravar seu pranto?

Ó minha Mãe afável, perdoa-me quando me deixei escravizar pelo trabalho, também quando preferi as coisas oferecidas pelo mundo, mesmo estando ciente de que Jesus Cristo esperava por mim na Eucaristia. Ó Nossa Senhora de La Salette, comprometo-me a honrar os mandamentos de Deus, pois jamais compactuarei com teu sofrimento maternal. Queres meu bem, e eu, teu(tua) filho(a) pecador(a), buscarei a conversão e a penitência para viver eternamente para ti. Amém!

4. Oração final: Ladainha *(p. 11)*

4º dia
"Filhos, não tomai o santo nome de Deus em vão!"

1. Oração inicial *(p. 9)*

2. Palavra de Deus *(Êx 20,7.12-16)*
Não pronunciarás o nome de Javé em vão; pois Javé não deixará impune quem pronunciar seu nome em vão. Honra teu pai e tua mãe, para que se prolonguem teus dias sobre a terra que Javé, teu Deus, te dá. Não matarás. Não cometerás adultério. Não furtarás. Não darás falso testemunho contra teu próximo.
– *Palavra do Senhor.*

3. Reflexão
O prenúncio de Nossa Senhora, acompanhado por penosas lágrimas, ainda teria muitas advertências àquela sociedade. "Os carroceiros não sabem jurar sem usar o nome de meu Filho",

declarou a Virgem Maria. Infelizmente, não respeitavam a Deus, usavam e abusavam do sagrado nome do Altíssimo.

A arrogância dos insolentes teria severa punição: a colheita converter-se-ia em pó e fracassaria a semeadura. Não havia em inúmeros corações o temor de Deus, pois lhes faltava a humildade. Não aceitavam suas misérias, vangloriavam-se pelas riquezas terrenas, mas esqueciam-se do tesouro dos Céus: a misericórdia do Pai. Temiam a justiça humana, mas menosprezavam a justiça divina, que realmente os salvaria.

As delicadas mãos de Nossa Senhora sobre o rosto anunciavam o vergonhoso destino reservado aos pecadores, que desconsideravam a presença de Deus em sua vida. Para estes, tudo era possível se obtivessem o poder e o acúmulo de bens. Que triste engano!

Maria Santíssima sempre desejou a conversão dos pecadores, mas o mundo parecia estar fechado à graça divina. Por intermédio de suas aparições, Ela busca nossa reconciliação com o Pai. Primeiramente, Nossa Senhora manifestou-se em Paris, em 1830, e surgiu a devoção à Medalha Milagrosa. Em seguida, a Virgem Maria apareceu na montanha La Salette, em 1846. Ainda houve uma terceira oportunidade ao povo francês e a toda a humanidade de redimir-se dos pecados, quando Ela se revelou à jovem Bernadete, em Lourdes, no ano de 1858.

Será que o mundo acolhe com benevolência as aparições de Maria ou, ainda, renega os sinais dos Céus tão presentes em seu meio?

Nossa Senhora de La Salette, intercede junto do Paráclito, que derrame sobre nós a Sabedoria, o Entendimento e o Temor de Deus, pois necessitamos ser salvos das garras do maligno. Embora a ingratidão possa abrigar nosso coração, desejamos ansiosos pela reconciliação com a Santíssima Trindade e nos empenhamos a renunciar o pecado e a jamais manchar o Santo Nome do Senhor. Assim seja! Amém!

4. Oração final: Ladainha *(p. 11)*

5º dia
"Meus filhinhos, orai bem, fazei o bem!"

1. Oração inicial *(p. 9)*

2. Palavra de Deus *(Pr 11,23.25-27)*
O desejo dos justos é só o bem; os maus só podem esperar a ira. A pessoa generosa terá sucesso, e quem dá de beber será dessedentado. Quem retém o trigo é amaldiçoado pelo povo, mas a bênção estará sobre a cabeça de quem o vende. Quem procura o bem encontra o favor, quem busca o mal, o mal o atingirá.
– *Palavra do Senhor.*

3. Reflexão
Nossa Senhora de La Salette também sofreu pela falta de caridade de seus filhos. Tudo o que obtinham pela graça de Deus, como a farta colheita de batatinhas, não repartiam. Para aqueles

homens era mais aceitável ver pessoas famintas mendigando comida do que lhes ofertar o que possuíam. Fora necessário a destruição da colheita para a sociedade enxergar a divisão que havia entre eles.

A humildade de Maria a fez a criatura mais perfeita aos olhos do Pai, depois de Jesus Cristo. Exemplo de serviço ao próximo, Nossa Senhora solidarizou-se com sua prima Isabel e ensinou que o amor não pode ser apenas um sentimento abstrato, mas um sentimento que estimula nosso crescimento pessoal e, ao mesmo tempo, das pessoas as quais ajudamos.

A caridade pode transformar vidas vazias em corações fecundos da graça divina e conduzir nossos relacionamentos para o bem comum. Não podemos ser generosos se nossa alma se vangloriar e se inflamar de orgulho. Aquele que realmente ama a Deus compreende que, para se doar a quem necessita de um pouco de pão, jamais deverá buscar seus próprios interesses nem levar em conta o mal recebido, pois o verdadeiro amor é capaz de tudo suportar em benefício do outro.

E a Mãe Reconciliadora tudo suportou em favor da humanidade. Aceitou firmemente o plano arquitetado por Deus para remissão dos pecadores e ainda quer nos alertar sobre o perigo do egoísmo e da mesquinhez. Vestida de humilde camponesa, Maria nos solicita privarmos de nossas vaidades para enxergarmos os clamores de tantos irmãos sofridos, desrespeitados em sua dignidade de filhos amados de Deus.

Nossa Senhora de La Salette, purifica meu coração com tuas lágrimas de amor. Sou indigno(a) de merecer tamanho bem, mas desejo viver plenamente a caridade, a fim de minimizar as misérias humanas. Concede-me a conversão necessária para me desapegar dos bens terrenos, pois quero um mundo melhor, de partilha e de renovada esperança. Amém!

4. Oração final: Ladainha *(p. 11)*

6º dia
"Fazeis bem vossa oração, meus filhos?"

1. Oração inicial *(p. 9)*

2. Palavra de Deus *(Mt 6,6-8)*
Disse Jesus: "Quando fores rezar, entra em teu quarto, fecha a porta e reza a teu Pai em segredo, e teu Pai, que conhece todo segredo, dar-te-á a recompensa. Em vossas orações, não useis muitas palavras, como fazem os pagãos, pensando que Deus os atende devido às orações longas. Não os imiteis, porque vosso Pai sabe o que precisais, antes mesmo que lho peçais".
– *Palavra da Salvação.*

3. Reflexão
Quando Maximino e Melânia responderam a Nossa Senhora que não faziam muito bem suas orações, Ela pediu-lhes com o olhar choroso: "Ah! Meus filhos, é preciso fazer bem suas orações, à noite e de manhã, dizendo ao menos um Pai-nosso e uma Ave-Maria, quando não puder

rezar mais. Quando vocês puderem rezar mais, dizei mais!"

Tal pedido da Virgem Santíssima se dirige até os dias atuais a cada um de nós. Um mundo avassalador tenta nos escravizar com seus falsos ideais. Poderíamos ter dedicado inúmeros Pai-nossos e Ave-Marias neste dia, mas certamente há quem não tenha proferido uma oração sequer. Corremos tanto atrás de coisas passageiras e vãs, a ponto de nos esquecermos de Deus.

A profecia de La Salette está cada vez mais presente. Quase dois séculos se passaram, e o pecado ainda está enraizado de tal forma em nosso convívio social que Maria ressurge em nossos pensamentos a nos questionar: "Filho(a), tem lembrado de mim e de meu Filho em suas orações? Tem reservado um pequeno espaço do dia para rezar o Pai-nosso e a Ave-Maria que pedi a você?"

Os anos passam, as provações crescem, mas as orações diminuem... Quantas pessoas conhecemos que se gabam por serem pagãs e ateístas, ao afirmarem que é perda de tempo e tolice acreditar que existe um Deus Criador, capaz de entregar seu Filho Amado para salvação da humanidade? Necessitamos estar convictos de nossa fé em Cristo, pois a mensagem apocalíptica de Nossa Senhora de La Salette tem se concretizado com o passar do tempo.

Ó Virgem Maria, recebe minhas preces por aqueles que se recusam a acreditar em Jesus Cristo, nosso Salvador. Aceita minha Ave-Maria e meu Pai-nosso pela conversão dos pecadores. Peço perdão por causar tanta dor e aflição por minha falta de fé. Assim seja!

4. Oração final: Ladainha *(p. 11)*

7º dia
"Se se converterem, as pedras e os rochedos se transformarão em trigo!"

1. Oração inicial *(p. 9)*

2. Palavra de Deus *(At 3,19-21.26)*
Pedro disse ao povo: "Arrependei-vos, pois, e convertei-vos, para que vossos pecados sejam apagados e que assim o Senhor faça chegar o tempo do repouso. Ele enviará então o Cristo, que vos foi destinado, Jesus, aquele que o céu deve guardar até os tempos da restauração universal, da qual Deus falou pela boca de seus santos profetas de outrora. Foi para vós em primeiro lugar que Deus ressuscitou seu Servo e o enviou para vos abençoar, convertendo cada um de vós de suas maldades".
– *Palavra do Senhor.*

3. Reflexão

Deleitáveis palavras Maria dirigiu aos pastorinhos! Sim, onde há conversão, muitos prodígios podem ser presenciados, pois o coração de pedra transfigura-se em um coração aberto à graça divina. Faltava àquele povo converter-se a Cristo. O esquecimento dos preceitos do Evangelho afligia Nossa Senhora de La Salette. Ela temia por todos os filhos incrédulos, pois a misericórdia só se estenderia a esses caso entregassem sua vida nas mãos do Salvador.

Quando Melânia e Maximino contaram a seus conhecidos sobre a aparição, aqueles que creram sentiram a necessidade de estarem naquela montanha sagrada. Muitos milagres começaram a acontecer. O primeiro fenômeno inexplicável sucedeu no dia da manifestação mariana pelo poder do Altíssimo: o pequeno córrego, que ficava seco em certos períodos do ano, jamais voltou a ficar seco outra vez.

O anúncio profético de Nossa Senhora de La Salette centralizou na conversão. As blasfêmias, a ganância e o desrespeito ao Dia do Senhor não poderiam continuar. Somente haveria salvação se se redimissem, caso contrário, as terríveis calamidades se cumpririam. Mas a maioria deles não acreditou na mensagem dos Céus...

Ó Mãe Reconciliadora dos pecadores, ainda o pecado continua a manchar o nome de teu filho Jesus. Quantas vezes permaneço indiferente ao suplício de meus irmãos famintos e maltrapilhos pelas ruas! Também tenho minha parcela de culpa pelos males sociais, pois, em certos momentos, deixo-me levar por minha fraqueza e peco contra os Mandamentos de Deus. Perdão, ó Virgem Maria, auxilia-me na caminhada de fiel cristão, pois quero assumir uma postura diferente, capaz de rejeitar o império das trevas e lutar pelo Reino do Pai. Amém!

4. Oração final: Ladainha *(p. 11)*

8º dia
"Meus filhos, transmitireis minha mensagem a todo o meu povo!"

1. Oração inicial *(p. 9)*

2. Palavra de Deus *(Mc 16,15-18)*
Jesus disse aos apóstolos: "Ide pelo mundo inteiro e proclamai o Evangelho a toda criatura! Quem crer e for batizado será salvo. Quem não crer será condenado. Estes são os sinais que acompanharão os que creem: em meu nome expulsarão demônios, falarão línguas novas, pegarão em serpentes e nada sofrerão se beberem algum veneno, imporão as mãos sobre os doentes e estes ficarão curados".
– *Palavra da Salvação.*

3. Reflexão

A profecia anunciada por Maria em La Salette começou a se cumprir naquele mesmo ano da aparição, em 1846. Houve grande escassez de batatinhas, trigo e milho, consequentemente, mais de um milhão de pessoas morreram na Europa. Certamente, se não houvesse aqueles que voltaram a participar da Santa Missa e deixaram de trabalhar aos domingos, a tragédia teria sido maior. Além disso, os juramentos e as blasfêmias contra Deus começaram a cessar com o passar dos anos.

Alguns presságios de Nossa Senhora de La Salette diziam respeito a tempos futuros, como se nos alertassem sobre a ação do maligno em nossa sociedade atual: "Todos os governantes civis terão o mesmo plano, que será o de abolir e fazer desaparecer todo o princípio religioso, para dar lugar ao materialismo, ao ateísmo, ao espiritismo e a toda espécie de vícios".

Também houve a revelação de um cenário futuro repleto de guerras e fome, em que dez reis se aliarão ao anticristo com objetivo de governar a Terra, mas "antes que isso aconteça, haverá no mundo uma espécie de falsa paz. Não se pensará senão em divertimentos. Os malvados se irão entregar a todo o gênero de pecados. Porém, os filhos da Santa Igreja, os filhos da fé, meus verdadeiros imitadores, crescerão no amor de Deus e nas virtudes que me são mais queridas. Ditosas as almas humildes, dirigidas pelo Espírito Santo! Eu combaterei com elas até chegarem à plenitude dos tempos!", anunciou a Virgem Maria aos videntes.

Contudo, confiemos na proteção maternal de Nossa Senhora de La Salette e no poder do Criador, na misericórdia de Cristo e nos dons do Espírito Santo. Afinal, ainda há uma mensagem de esperança e de redenção para os escolhidos do Pai Eterno... Amém!

4. Oração final: Ladainha *(p. 11)*

9º dia
Nossa Senhora de La Salette, reconciliadora dos Pecadores

1. Oração inicial *(p. 9)*

2. Palavra de Deus *(2Cor 5,17-20)*
Se alguém está em Cristo, é uma nova criatura; as coisas antigas passaram e surgiram novas. E tudo isso vem de Deus, que nos reconciliou consigo por meio de Cristo e nos confiou o ministério da reconciliação. Pois era Deus que, em Cristo, estava reconciliando o mundo consigo, não levando mais em conta as culpas dos homens e colocando em nossos lábios a mensagem da reconciliação. Somos, portanto, embaixadores de Cristo, e é como se Deus exortasse por meio de nós. Em nome de Cristo vos suplicamos: reconciliai-vos com Deus!
– *Palavra do Senhor.*

3. Reflexão

Eis a mensagem de Nossa Senhora de La Salette repleta de esperança, amor e redenção aos legítimos filhos amados do Altíssimo:

"Eu dirijo um urgente apelo à Terra: chamo os verdadeiros discípulos do Deus Vivo, que reina nos céus; chamo os verdadeiros imitadores de Cristo feito homem – o único e verdadeiro Salvador dos homens; chamo meus filhos, meus verdadeiros devotos, os que se deram a mim, para que eu os conduza a meu Divino Filho – aqueles que eu levo, por assim dizer, em meus braços; chamo os que viveram de meu espírito; chamo, enfim, os Apóstolos dos Últimos Tempos, os fiéis discípulos de Jesus Cristo, que viveram no desprezo do mundo e de si próprios, na pobreza e na humildade, no desprezo e no silêncio, na oração e na mortificação, na castidade e na união com Deus, no sofrimento, e desconhecidos do mundo.

Já é hora de saírem e virem iluminar a Terra. Ide e mostrai-vos como meus filhos queridos. Estou convosco e em vós, desde que vossa fé seja a luz que vos ilumine nesses dias de infortúnio. Que vosso zelo vos torne como que famintos da glória e da honra de Jesus Cristo. Combatei, filhos da luz, vós, pequeno número que ainda tendes vista; porque chegou o tempo dos tempos, o fim dos fins".

O anúncio apocalíptico pode causar-nos preocupação, mas revivamos, todos os dias, as palavras de Nossa Senhora de La Salette em nosso coração: "Estou convosco e em vós, desde que vossa fé seja a luz que vos ilumine nesses dias de infortúnio!"

Nossa Senhora de La Salette, termino minha novena suplicando perdão pelos erros cometidos contra o Sagrado Coração de Jesus e teu Sagrado Coração. Comprometo-me a viver a conversão, a penitência e o temor de Deus, virtudes indispensáveis a minha salvação. Protege minha família dos falsos amores, abençoa os sacerdotes e sua vocação, enfim, santifica todas as almas aflitas e pecadoras, que se desviaram do Verdadeiro Amor. Em nome do Pai, do Filho e do Espírito Santo. Amém!

4. Oração final: Ladainha *(p. 11)*